작가와문학 시선 003

프로메테우스

작가와문학 시선 003

프로메테우스

인쇄 · 2024년 4월 12일 | 발행 · 2024년 4월 15일

지은이 | 강성식
펴낸이 | 김나인
펴낸곳 | 작가와문학

주간 · 고안나 | 편집 · 최충식 공화순 | 마케팅 · 공화순
등록 · 2012년 3월 17일
주소 · 충남 보령시 주공로132(대보주택 8동 302호) 작가와문학
대표전화: 010-8813-0109
이메일 · shfnrndepddl@hanmail.net

ⓒ 강성식

ISBN 979-11-967751-5-5
값 10,000원

저자와의 합의에 의해 인지는 생략합니다.
이 도서의 전부 또는 일부 내용을 재사용하려면 사전에 저작권자와
작가와문학의 서면에 의한 동의를 받아야 합니다

작가와문학 시선
003

프로메테우스

강성식 시집

| 시인의 말 |

   첫 시집 『사고의 그늘』을 펴낸 지 7년 만에 다시 책을 엮는다. 좀 더 나아졌어야 하는데 도로 그 자리에서 한계를 벗어나지 못하는 아쉬움을 실감한다. 하지만 부끄러움을 무릅쓰고 객기에 사로잡힌 시편들이 내 삶을 일으키는 원동력이 되었음을 부인할 수 없다.

   수많은 고비를 넘기며 망망대해로 떠밀려 나가듯 알 수 없는 불안감이 앞서고 그 원인을 찾아가기에는 너무 버거운 일이었다. 그렇게 내면의 심경을 내보이는 관념이지만 어떤 경지에 다다를 수는 없는 일이다. 다만 삶이 치열한 생존경쟁 속에 살아남기 위한 몸부림이듯 이 시편들도 가슴 아픈 사연이 밑거름되어 참다운 생의 의미를 찾아가기를 희구할 뿐이다.

   매주 토요일 홍주천년문학회 회원들과 심도 있는 학습과 토론이 졸시의 바탕이 되었음을 밝힌다. 뭐니 뭐니 해도 근 20년 동안 지도해 주신 최충식 교수님의 열정이 빛나고 있다. 변변찮은 시련을 하나하나 검토하고 편집하여 책으로 만들어 주신 작가와문학 김나인 소설가의 수고도 큰 부분을 차지한다. 깊은 감사를 드리며 또다시 외로운 일에 끊임없이 정진하고자 한다.

2024년 봄날
용봉산 자락에서 강성식

| 차례 |

■ 시인의 말

제1부

트라우마	19
카르마	20
패턴	21
콤플렉스	22
아우라	23
제스처	24
메커니즘	25
현실의 벽	26
경계1	27
나래	29
길을 묻는다1	30
길1	31
잡생각	32
자신은	33
상처1	34
자아	35
탄식	36
석별	37
어디로 가야 할지	38

| 프로메테우스 |

제2부

몽상	41
경계2	42
자화상1	43
세상사	44
나무	45
운명의 장난	46
나그네	47
피사체	48
사랑의 느낌	49
애수	50
바람1	51
위록지망	52
등대	53
조명	54
상강	55
길을 묻는다2	56
판도라 상자	57
바람2	58
현실	59

| 차례 |

제3부

삶의 여정	63
길목	64
허상	65
엇박자	66
숲의 의미	67
섬	68
항해	69
바람3	70
실어	71
잊으려	72
희망	73
생애	74
카오스	75
상처2	76
유토피아 그 먼 곳	77
메아리1	78
기억	79
안개	80
주마등	81

| 프로메테우스 |

제4부

울타리	85
원죄	86
침묵	87
여름	88
프로메테우스	89
욕심	90
회환	91
길2	92
꿈길이었나	93
쪼그리고 앉아	94
길3	95
저물녘	96
철새	97
바람의 언어	98
파도	99
삶	100
항해	101
욕망	102
오로라	103

| 차례 |

제5부

딜래마	107
여울목	108
나르시스	109
모티브	110
전망대	111
그 섬에 가고 싶다	112
망각의 늪	113
메아리 2	114
선택	115
자아	116
직관	117
갈등의 바다	118
아지랑이	119
인식의 바다	120
상실된 자아	121
파노라마	122
자화상2	123
비너스	124
탑	125

| 프로메테우스 |

제6부

절망 속에서	129
부메랑	130
패러독스	131
에로스	132
오르페우스	133
블랙홀	134
파토스	135
회상의 언덕	136
심연	137
신기루	138
귀향	139
폭풍우 치는 밤	140
추억의 페이지	141
가시	142
몽타주	143
토로	144
포에지	145
디스토피아	146
타나토스	147
회귀성	148

프로메테우스

제1부

트라우마

난데없는 상처가
점점 깊어져 가고 있다

불협화음이
천둥소리처럼 증폭되며

거대한 소용돌이 속에서
헤어나지 못한다

냉소적인 갈등 속에
결핍되어 가는 존재의 근원

무수한 관계를 끊어도
의식을 지배하는 저 무엇인가

카르마*

불행의 그림자가 어른거린다
소문 없는 운명은
죄 많은 무게로 휘청거린다

선명한 구도 안에서
냉엄한 신음소리 들려온다

잠긴 생각이
분화구에서 폭발할 듯 들끓고

어떤 기도도 소용없는
업보를 짊어지고 황야가 끝이 없다

*몸과 입과 마음으로 짓는 선악의 소행

패턴*

영사막처럼
어둠의 장막이 내린다

가슴 시린 전언처럼
가슴을 후비는 바람

아무래도 알 수 없는
형상이 지워진다

두려운 의식 속으로
내가 던진 물음표에 또 물음표를 던진다

*같은 도형이 되풀이해서 나타나는 무늬

콤플렉스

불투명한
환상에 빠져있다

편향된 사고는
인식의 구조를 무너트리고

팽팽한 긴장 속에 엄존하는
타락한 세상

회의적인 속성이
콤플렉스에 빠져있다

고통스러운 선택이라도
날카로운 비판에
강력한 초점이 맞추어져야 한다

아우라*

과녁 없는 화살
어디로 날아갈까

허공을 향한
추상의 본질이다

끊임없이 질문해도
답을 얻을 수 없듯

선악의 경계가 붕괴되고
혼돈이 심연으로 남아있다

모종의 비밀을 캐내듯
전설 속의 아우라를 찾아볼 일이다

*아우라: 예술 작품에서 흉내 낼 수 없는 고고한 분위기

제스처

지평선 너머로
별이 진다

숨 가쁘게 변화하는
파란만장의 역사

무수한 관계 속에서
모순을 정당화하는 현실이다

모순으로 전락하는
한계를 모르는 야욕은
공허한 원근법에 지나지 않는다

허위로 전락한 의미 속에
진실은 허황된 제스처에 지나지 않는다

메커니즘

안개에 덮인
우울한 정서

하루가 반복되는 권태로운 일상은
수심이 가득하여 있다

잠자고 있는 본질
지각변동의 충격이 있어야 할까

사소한 의식도
몸에서 거부하고

세상사 관계도
잔상처럼 스러지는 생각이다

지리멸렬한 감정이
불안의 메커니즘으로 자리 잡고 있다

현실의 벽

잠시 머물다
사라지는 별

아련하게 미련만 남기고
뒤에는 아우성이다

흔들리는 깃발 아래
길들여진 굴곡진 삶

무작정 현을 당기듯
끊어질 듯하다

되새김하는 과거의 꿈
거미줄처럼 얽혀있는 사이로
분수처럼 솟구쳐 올랐다

희미한 거울 앞에
자신을 저울질하는
그것은 싸늘한 시작이다

경계 1

붉은 해가 넘어가는
그곳은 어디일까

끓어오르는 열정을 담지 못하는 세상은
어둠의 소용돌이다

징검다리 건너듯 아슬아슬하게
넘어가는 하루
무엇을 얻고 무엇을 버려야 하는가

열병을 앓고 나면
마음의 경계가 모호해지고
두루뭉술 넘어가는 세월의 장막인가

이승과 저승의 가운데에 매달린
끝없는 질문과 질문
감추어진 진실은 무엇인가

잊지 못할 지난날이여

과거는 과거로 묻어두고
이질적인 삶의 한복판을 헤집어본다

나래

헝클어진 이상이
무엇을 할 수 있을까

돌고 도는 세상
문명은 미끄러지듯 굴러가도

가슴앓이 하는 마음은
먹구름 낀 여명이다

구름 위의 햇살은
날개를 펴겠지

비바람 몰아치는 황량한 벌판으로
갈고리에 끌리듯

어둠의 눈빛 따라
지친 나래 어디로 펼치는 것일까

길을 묻는다1

짙어가는 여름날
들녘에 나간다

흘러가는 냇물은 마른 곡식을 적시고
제 갈 길을 간다

풀 포기 하나 어디
그 쪽을 향하지 않은 것이 있으랴

목마름에 허덕이는 게
생명이거늘

지금껏 살아온 생애를
저리 유장한 흐름에 묻고 있는 것이다

길 1

나무의 흔들림을 느끼면서
새들은 날아간다

자욱한 새벽안개
낯선 세계에 부딪친다

멈춰 선 밑 그림자는
새로운 세상을 갈망한다

오지 않는 낯선 느낌이
가슴을 짓누른다

잡생각

진주이슬 바람에 꿰이듯
마음을 꿰뚫는 세월이다

물결에 휩쓸려가듯 사라지는 허물
머물 수 없는 시간을
꺾을 수 없는가

무겁게 가라앉는 영상
헐벗은 현실 앞에 자신은 허수아비인가

무게를 잃고 떠오르는 세상
잊혀가는 미련 앞에
바람은 먹구름을 몰고 온다

자신은

무거운 사슬에 묶여
알 수 없이 어디론가 가고 있나 보다

잘못된 것을 알고 있지만
되돌릴 수 없는 현실
태풍 속으로 함몰되는 것 같다

어느 게 진짜인지 알 수 없이
머리는 찌근찌근

진실조차 뒤로 감추고
가면 속에 허수아비처럼 좌절한다

상처 1

넘쳐나는 시대지만
가진 것은 아무것도 없다

무슨 관계라도
파도처럼 밀려와 거품으로 사라진다

잠깐 왔다 가는
빈 껍데기에도 곰팡이가 슬고

헤적거리며
깨진 그릇 같은 상처만 서슬이 퍼렇다

자아

부정의 숲에는 잎이 떨어지고
어둠을 불러오는 눈망울에는 물이 고인다

비를 몰고 오는 광풍
헤드라이트를 켜고 질주하는 자동차
세월을 질주하는 나

전생에 무슨 인연으로
한 마리 꿈꾸는 나비가 되었을까

생사의 변주곡 속에
무엇을 찾을 수 있을까

방향을 모르는 기류는 흙먼지만 날리고
아직도 갈피를 잡지 못하는 희미한 내가있다

탄식

모진 광풍이 몰아치듯
뜻 모를 세상에
애틋하게 다가오는 꽃 한 송이

자신을 매달고 달아나는 세월이다
허탈한 생의 마지노선에 휩싸이고
바람 불 듯 멀어져 가는 시간의 틈바구니

잡힐 듯 잡히지 않는 꿈은
어디로 향하고 있는 것일까

싸늘히 식어가는 뒤안길에서
미련한 앙가슴을 때린들

어느 한 구석이 비어가는 것은
어쩔 수 없는 시련인가 보다

석별

돌고 도는 물레방아처럼
계절이 지워진다

젊음도 낭만도 떠밀려가고
아쉬움도 상처로 남는다

살아있는 이미지도 깃폭 없이 사라지고
야속한 마음에 앙금이 쌓인다

물결 위에 잠재우는
못 다한 사연

뜬금없이 떠나가는
돛단배에 상념을 실어 보낸다

무정한 약속도 잠 재우고
마음 한 켠 비어가는 어쩔 수 없는 미련인가 보다

어디로 가야 할지

허물어지는 눈동자
숨죽인 갈대처럼
야박한 세월을 되새김 한다

세상은 덜컹거리고
목적지는 아수라장

불가항력에 이끌려
항로를 이탈한 배처럼 불안하다

먼 둥이 터와도
생각의 끝은 보이지 않고

무심한 잡초처럼
된서리를 맞는다

시간의 누더기를 기워 입는
역사의 한 자락

터질 듯 한 가슴에
마파람이 부푼다

프로메테우스

제2부

몽상

햇살도 가슴앓이한다
뜨겁게 타오르던
울밑의 햇살도 기침을 한다

시간의 뱃머리는 멀어져 가고
식어가는 그림자는 한숨만 깊어간다

여과 없이 떨어지는 낙엽도
구름 아래 모여 있다

매듭 없는 시간
빗나간 세월 속에 무게를 잃어간다

추억은 한낱
버리는 것에 불과한 몽상이었나

도태된 현실 앞에
어떻게 해야 빗장을 풀 수 있을까

경계 2

너와 나의 경계는
넓고 깊은 바다

무심한 세월

건널 수 없이 마음 졸이다가
파도처럼 일렁이고 있다

자화상 1

파리한 계절
아귀다툼하듯 숨 막히게 살아왔다

자신은 바람의 모형처럼
형체가 없고

허울 좋은 인생은
제힘을 못이기 듯 곤두박질쳤다

살얼음이 끼듯 갈피를 잡지 못하고
슬픔은 흔적만 남는다

진공 같은 고요가
숙연해질 때

자욱한 새벽 안개 속
징검다리 건너 듯 아슬아슬한 시간

세상사

한 치 앞도 모르는 세상
바람결에 풀잎이 되어 흔들린다

밤비는 발 위에 떨어지고
가슴 아픈 사연이 가슴을 파고든다

인생은
이루어질 듯 쓰러지는가

빛과 그늘의 사이가
불꽃인가 보다

기억의 수평선 밖으로
범선이 떠나고 있다

나무

굵은 주름을 본다
속으로 채운 세월을 본다

힘겨운 세상
촘촘한 나이테를 닮았는지 모른다

온전할 것 없는 것들
통나무처럼 잘리는 종말을 보리니

어둠을 받는 숲으로 가서
한 그루의 나무로 오늘을 살고 싶다

운명의 장난

삶이 무엇인가 의미를 새기며
할말을 잃어간다

이정표 없는 경계 너머로
항해하듯 모호한 지점이다

어둠이 긴 자락을 끌고 오면
수평선 너머 갈매기도 오리무중이다

내면에 들끓고 있는 혼란의 그림자
야성을 불러오는 가질 수 없는 한계에 괴로워한다

불가사의한 리듬을 타고 오는
운명의 궤적

바위 같은 침묵을 깨고
욕망의 날개를 펼칠 수 있을까

나그네

떠나려 하네

기억은 먼지를 털어내듯
사라져가고

물 위에 떠 있는 문장들
바람에 쓸려 사라졌다

꿈꾸듯 들려오는 너의 목소리

시간은 날을 세우듯 촉박하지만
현실은 할 말을 잃어간다

마른 잎을 스치는 바람의 행로
저 먼 곳에서 손짓하는 숨결일까

피사체

사고의 너머로
피사체가 보인다

전환점에서 바로본 풍경
붉게 타들어가고

수척해져가는 삶이
지난날을 회상해 본다

세월을 거스르는 바람의 기억도
서산마루 넘어가는 노을의 화면이다

사랑의 느낌

누구나
한번의 인생
어떤 이유 하나
가슴에 묻고 산다

너와 내가 흔들릴 때
첫사랑 나누던 산장에서 날고 싶어라

길은 멀어도 마음의 고향 찾아
유랑하는 방랑자

가도가도
끝없는 사막에서 인생의 의미를 심는다

지난 날
빈 날개로 세월의 눈금을 새긴다

애수

아스라이 들려오는
무슨 소리인가

보이는 것과
보이지 않는 것의 소실점에
거미줄처럼 얽혀있는 생각
환상 통을 앓는다

사고의 끝자락에
떠오르다 사라지는 별
이질적인 여정에 불과하다

붉게 물든 단풍
시간의 파장을 일으키고
아쉬움을 뒤로하는
희미한 기억 속에
남모를 가슴앓이를 하고 있다

바람 1

설핏 바람이 불면
가슴에 이슬이 맺힌다

심장의 붉은 파도
빙하가 되어 흐르고

잃어버린 지도를 찾아
어디로 갈까

뒤틀린 시간을 재촉하는 바람이
점점 거칠어진다

노을 속으로 휘몰아 가는
소용돌이다

위록지마

거대한 편력 속에
사슴도 말이 된다

불통의 씨앗이
세상을 가둘 거푸집을 짓고

목마름에 허덕이는
시간이 길어진다

기억이란 봄바람은
긴 한숨으로 날고

사막화 되어가는 마음에
불꽃이 튄다

등대

둥지를 떠난 새
비상할 수 있는가
기억 저편의 어둠이 걷히지 않는 바다

꿈과 희망이 잠기는 곳
미지를 향하여 떠나는 방랑자여

영혼을 베어 눈물을 삼키듯
온갖 만물 살이며 피다

숨 고르기를 하며 사라지는 세월
지난날을 그리워하듯
등대 하나
흐르는 눈물이 옷깃을 적신다

조명

이녁의 하늘 아래는
삶도 죽음도 수수께끼이다

감정을 비춰보는
시간의 틈새는 무엇인가

신비의 색채를 띠는 불립문자
싸늘한 바람이 분다

비상하는 갈매기에게
생명력을 느끼듯
거울로 비춰보는 세상이 있다

상강

찬이슬 새벽 바람이
선뜩하다

익어가는 계절
지금이 가장 좋은 시절이라고
어떻게 말 할수 있을까

무슨 염불할 생각에
마음은 단풍에 물들어간다

생각은 마음을 따라가지 못하고
가난한 영혼으로 살아간다

도깨비처럼 이루고 싶지만 할 수 없는 현실에
무엇을 취하고 무엇을 버려야 할까

도끼자루 썩는 줄도 모르는 세상
빗물에 쓸려가는 가랑잎도 고리를 끊고 달아난다

길을 묻는다 2

삶은 뇌관이자
언제 터질지 모르는 시한폭탄이다
무엇을 믿어야 할까

밝혀지지 않은 사실이
세파 속으로 사라질 때

활자들이 걸어 나와 아우성치지만
한계에 부딪친다

종이 울리지만 파장이 일지 않고
의미 없는 소용돌이 속으로 사라진다

깨어있는 짐승 같은
암울한 시간 속에 추락하는 고통

삶은 도시 속에 갇힌 하찮은 이야기이다
추락하는 삶 속에
염원을 추구하는 이상은 혼란의 틈새를 타고 길을 묻는다

판도라 상자

물굽이 요동치듯 혼란스럽다

허망한 시절이
끓어오르는 기포처럼 터진다

빛을 조이며
어둠이 피어난다

스크린이 멈춘 고통스런 별도
내면을 알 수 없다

가혹한 운명은
공허한 메아리로 돌아온다

낮게 드리워진 촉수로
저지른 과오가 판도라 상자로 들어간다

바람 2

자신이 바람인 줄 모른다
우수가 안개처럼 스며 있듯
첨탑 넘어 무엇이 있나

채식되지 않는 공간 속에
희미하게 지워지는 담벼락을 바라본다

헤아릴 수 없는 감정이 마음에서 솟구치듯
흔들리는 나무 위에
내 마음 올려놓고 언덕을 바라본다

흩어지는 의식 사이로 땀내나는 걸음
풍경에 동화되어 버린다

절제되지 않는 침묵의 항변이
부표처럼 떠다닌다

현실

불길한 예감이
들끓고 있는 소리
강박관념이 소용돌이친다

내면에 배여 있는 타락한 현실
의미를 드러낼 수 없다

거짓된 세상의
불협화음으로 상처받는 영혼들
이성은 심연으로부터 오는 텅 빈 기표에 불과하다

열망이 솟구치고 있는 것은 어둠에 대한 집착이다

프로메테우스

제3부

삶의 여정

고독한 여정이었다
알 수 없는 외로움이 적막 속에 빠져 버렸다

별들의 광휘를 거느리는 무한의 어둠
순간과 순간의 이음새에
은빛 날개를 퍼덕일 수 있을까

보이지 않는 관념의 세계
구심점 없는 기이한 섭리에 불과하다

미지의 세계를 서성거리는 무언의 현상
손끝에서 흘려 보낸 문장 하나에 불과하다

길목

어디서 오는 것일까
알 수 없는 관념들이 내면에서 소리친다

불꽃같은 시절은 미련을 남기며 사라지고
청춘의 뒤안길 풍경
낯설게 다가오다 바람처럼 사라진다

상상의 이끌림이 꼬리를 물고
서둘러 저녁노을이 어두워진다

달빛 일렁이는 강물에
고단한 삶을 되짚어본다

세월은 물같이 흘러가고
바뀌는 뜻을 인생이 어찌 알까

허상

초점에 매달려 있는 자신을 보았다
포개질 수 없는 모자이크
퍼즐을 맞추듯 아슬아슬 결합이다

과거에 머물러 있는
생각의 모래알 굴릴 수 없다

별들이 모스 부호처럼 떠돌듯
맹목으로 쌓아 올린 근심은 허상이었다

제어할 수 없는 밤의 속살을 더듬으며
취기를 머금은 채 환상에 사로잡힌다

엇박자

여울의 속살
와류 속에서 피어나는 담론은 아닐까

애증이 목소리
엇나간 세계는 텅 빈 윤리에 불과하다

계절은 부메랑으로 돌아오고
숭엄의 그늘을 들어올리는 지렛대

해묵은 형상은 소리도 들리지 않고
착상의 반란이었다

기억의 회로 속에 신을 소리
어둠 속에서 일렁이는 분화구 핏발이 선 눈빛이다

숲의 의미

석양이 내리는
지평선을 바라본다

시간이 멈춰 버릴 듯
풍경 속으로 들어가고

우주의 한 빛이
초월적인 힘을 발휘하는지 앞서 돋아난다

되돌아가기 어려운 길을 에워싸는
험난의 숲

붉게 물드는 이파리마다 애정의 표시를 펄럭이지만
풍경은 미동도 없이 잠든다

낮은 운율 한 가락 되새김질하며
숲이라는 지느러미 속으로 생명의 파도는 숨 쉬고 있다

섬

그 섬은 어디 있을까
불안한 예감이 몰려온다

생각은 모순 속의 산물
삶도 하나의 선회 점에 다다르고 있는 것은 아닐까

환상 속으로 들어가는 내가 있고
허물어지고 있는 초점

세상의 그늘을
목도하는 시선이 몰려온다

멀어져 간 젊은 날의 섬이여
끝도 없이 펼쳐지는 가설 속에서
고즈넉한 파동으로 비릿한 냄새가 불어온다

항해

파장을 일으킨다
부서질 듯한 심장을 쥐고
날개 짓 한다

갈피를 잡지 못하는 것은
무슨 이유일까

깨어 있지 않은 사고가 발목을 잡고
가파른 속도로 치달아가는 궤적을 만든다

구름 속을 날아오르듯
무한정의 상념이다

바람 3

빈 장터에는 흙먼지가 하늘을 덮고
찬바람이 가슴을 파고든다

파도에 저당 잡히듯 펄럭이는 거리
심장의 피 돌기도 빙하처럼 굳어진다

소슬한 바람기에 이끼가 끼듯 가라 앉는 시간
숲으로 이어지는 길로 영혼이 달려간다

재 넘어가는 황혼에
이내 시름이 깊어간다

실어

적막의 깊이는 얼마나 되나
지워진 생각은 회복할 수 없고 파문조차 없다

안개비 내리는
적막한 강산에 홀로 앉아 세상을 담금질한다

여기 누가 돌을 던져
파문을 일게 할 수 있을까
암담한 침묵이 누리에 번진다

잊으려

저쪽 하늘에도
바람은 부는가

아련하게 들려오는 목소리
오늘을 짊어지고 길을 나선다

기억은 아득하게 흔들리고
폐허가 남긴 앙상한 가지를 더듬으며 관능을 잠재운다

열병이 용솟음치듯
갈피를 잡지 못하는 시간

희망이라 이름하여
사라진 그림자를 뜬구름처럼 바라보는가

해 넘어가는 포구에서
회오리바람이 남겨진 자취를 걷어 올린다

희망

깨진 거울을 버리고
새로운 길로 가야 한다
새벽 별빛이 벗어준 이슬이 빛난다

바람의 언어
하늘과 맞닿은 수평선에
사연을 펼친다

교차하는 사연이
불협화음 이라도

파문을 일으키는 투명한 빛이
바닥에서 출렁거린다

생애

고뇌의 무게는 얼마나 되나
불안이 똬리를 틀 듯
일그러진 표정으로 시간의 퍼즐을 맞추다

더는 갈 수 없는 길에 주저앉아
뇌리에 스치는 아쉬운 심정

뜨거운 심장이 멈출 때까지
얽히고설킨 실타래 풀지 못한다면

폭풍우에 휩쓸리는 파도처럼
무서운 감각을 헤어날 길이 없으리라

카오스

절망은 바닥을 드러내고
냉혹한 현실은 비명이다

반성도 회한도 물거품으로 사라지고
자기 당착에 빠져있는
허울 좋은 가면이었을까

고통이 섬광으로 폭발하듯
어둠 속으로 별이 떨어진다

스스로 속박하는
헛된 이념이 아니었을까

상처 2

가설에 지나지 않았다

마음 깊은 곳에 둥지를 틀고 있는 기억의 정체

한때
식지 않는 열정을 불태웠지만
무모한 일이었다

귀착점에 들어앉아
때론 분수처럼 터지기도 하는
삶의 부분

그대로 안고 가는
숙명적인 일을 어찌하겠는가

유토피아 그 먼 곳

인생은 갈등 속에
가면을 쓰고 살아가는 것은 아닐까

이질적인 경계선에 새가 날듯
밤거리를 떠돌아다닌다

상처도 지울 수 없는 삶의 일부분
공허한 언어들이
추억의 페이지 속으로 들어간다

자신은 새로운 꿈을 꾸지만
가질 수 없는 한계에 괴로워한다

내면에 자리 잡고 있는
심리적 지형도
보잘것없는 과정에 지나지 않았다

메아리 1

가야 한다
숨을 쉬고 있는 희망 속으로

촘촘하게 얽혀 있는 세상
헝클어진 머리 위에 이상을 심었다

의문부호로 내리는 어떤 계시
반추되지 않은 불빛이다

얼룩진 새벽으로
불확실한 줄에 매달려 근심을 저울질한다

불가능이 얼룩으로 번져 있는 의문부호 속에
조각된 파편들이 비등점아래 잠들고 있다

희미해지는 고개 너머로 바다가 보이듯
불입문자가 떠돌아다니고
알 수 없는 곳에서 오는 메아리 심금을 울린다

기억

바람이
영사한 형상이다

정황으로 채워져 가는 기교한 효과
인식 앞에 나타나는
두렵고 낯선 세계이다

소멸하는 것이 생각이지만

기억은
난해한 시비의 바다에 가라앉은
과거의 시간이다

흔적조차
깊은 수렁으로 들어가고
희로애락의 방식은 깨달음의 잣대가 아니다

안개

안개에
풍경은 지워지고
무기력하고 우울한 정서이다

의식이 가물가물한
권태로운 일상

하루가 지나는 잔상은
수심이 가득한 생각이다

얽히고설킨 관계 속에
떠도는 소리가
무슨 말인지 알 수가 없다

주마등

번개가 내리친다
어디로 가야 하나
정해진 역정은 험난하기만 하다

보이지 않는 것에 이끌려 가듯
허기지고 외로운 삶

시작과 끝은 알 수 없는
난해한 무늬로

결핍을 핥고 지나온 장면들이
주마등처럼 지나간다

빗장이 풀린
난해한 음표가 출렁거리고

아로새긴 도돌이표
고요한 이면으로 이끌어간다

프로메테우스

제4부

울타리

격정의 호흡을 내뿜으며
발아하는 현상 속에서
가진 것은 없다

불투명한 세상
안개 걷혀도 내용은 어둠이다

애달프게 비어있는 자리
무성한 풀잎만이 세월을 지키고 있다

시름 속에 헤매는 생각
울타리 안에 바람이 잠든다

진실에 가려진 인생도
허황한 욕심의 파수꾼에 불과하다

원죄

부싯돌을 쳐도
불꽃이 일어나지 않는다

유영하듯 숨죽인 세상은 거듭 날 수 없어
하물며 세월을 거슬러 올라갈 수 있을까

허망한 바람이 불어오고
무엇이 힘들게 하고 있는가

갈증에 목메어 우는 자신
등나무가 조이듯 시름이 깊어간다

무위도식하는 이름 석 자
지워버리고 싶다

침묵

무엇 하러 왔는가
계절이 지나는 텅 빈 마음

돌부리에 채어도 아프지 않다

파노라마처럼 펼쳐진 세상은
자신의 것이 아니다

뜬구름에 서걱대는 갈잎
마음 둘 곳 없다

안타까운 사연도 입을 다문다

여름

파도가 밀려온다
어제의 그림자는 오늘의 걱정을 일으킨다

무슨 희망으로
일상의 행복을 이루는지
애태우듯 그림자가 사라진다

후덥지근한 날씨는
뼛속의 기를 내보내듯
진땀으로 세상을 달군다

목마른 짐승이 애타게 물을 탐하듯
사라져가는 젊은 날

미궁 속의
이합집단 속으로 아무 일 없는 듯 빨려 들어 간다

프로메테우스

누구도
그 일을 하기를 두려워하였다

힘든 나날을 보내며
새로운 신념에 찬 나래를 펼치는
위험한 시도였다

전율로 오는 아름다운 시도
그는 극심한 고통을 마다하지 않았다

결국은 해냈다
꿈을 잃지 않았기 때문이다
구원자 헤라클레스가 와서
그를 구해주고 평화의 샘물을 마셨다

욕심

영생이란 죄목으로
허접한 망상에 휩싸여
원수의 목을 베려 하는가

풍수 지탄을 원망하며 무엇하리
알 수 없는 도의 근원이 남아
알 수 없는 곳에 횡설수설 하는가

한가지서 나서 갈 때는 다들 다른데
쓸데 없는 욕심에
허공 속에 구름을 잡으려 하는가

회한

저기 저 언덕을
휘적휘적 넘어가는 게 있다

세월의 눈금을 더듬으며
희뿌연 안개가 가슴에 안긴다

항상 그 자리에 있는 줄 알았는데
하나 둘 사라지는 풀잎

세월의 강은
멀고 먼 기억 속으로 사라지고

초라해지는 내 모습
뜬구름처럼 떠가는 인생이여

삶의 뒷전으로
한 순간의 망상은 뒤늦은 후회로 가슴을 친다

길 2

나무의 흔들림을 느끼면서
새들은 날아간다

자욱한 새벽안개
낯선 세계에 부딪친다

멈춰 선 밑 그림자는
새로운 세상을 갈망한다

오지 않는 낯선 느낌이
가슴을 짓누른다

꿈길이었나

영상은
파노라마로 밀려오고

현란한 채색의 밑그림 위로
암울한 시간이 지나간다

일어서리라는 의지는
누렇게 시들어가는 낙엽

세월의 때를 씻어내며
다시 못 올 지난날을 가늠해 본다

쪼그리고 앉아

울밑에 햇살도
가슴앓이를 한다

속병을 잃는 사람
안타까운 젊은 날을 파헤친다

온 곳을 알 수 없고
가야 할 곳도 무거운 발걸음이다

봄날의 이상은
뜬구름 그림자로 사라지고

쌓이는 먼지 위로
싸늘한 바람이 분다

길 3

왔다 가는 게
길일까

고개를 들어 서성이는
외로운 방랑자

애간장 태우며
어디로 가고 있는가

심증은 남아있으나
텅 빈 마음

영혼 없는 실체는
안타까운 사연만 쌓이는데

한복판 밀물이 와서
한바탕 휘젓고 가는가

저물 녘

불꽃같던 사랑도
얼음장처럼 식어가고
흘러간 과거는 어느 곳에 메어있나

다시 만나도 오히려
더 괴로울 업보는 무슨 의미가 있나

한 사내는 가파른 언덕을 오르며
보따리를 풀어보지만

어둠만 가득 쌓여져 있는
그 어둠이 세상을 덮어간다

허둥지둥 갈피를 잡지 못하는 게
다시 인연이란 굴레에 들지 않을 것이다

철새

어디가 고향인지 모른다
폭풍우에 찢기는 날개

깃털마저 온전한지 모른다
허접한 몸부림으로 어디까지 갈 것인가

한 바퀴 하늘을 선회하며
뜨겁게 올라오는 것은 무엇일까

세월의 소용돌이 속으로 달아나는 철새
헤어나기 힘든 곳으로 날아가는 게 분명하다

바람의 언어

존재의 심연
낯선 시간으로 들어간다

들끓는 욕망에 사로잡혀
애증의 굴레를 헤매고 있다

인생은 보이는 것과
보이지 않는 것의 자리다툼이다

뒤틀려버린 시간이 불안하고
너그럽지 못한 언어는 아무 의미가 없다

바람은 늘
비운소리로 세상을 휘몰아가고 있다

파도

적막을 깨는 무한의 율동이다
해지는 저 너머에서 무언가 돌아오는 기척

희미한 뱃고동 소리 가까워지면
출렁이는 생각으로
세월의 물결 위에 떠있는 일엽편주다

쉴 새 없이 부서지는 미묘한 감정
파도가 파도를 덮는 언어의 파괴다

시퍼렇게 멍든 하늘이
덩달아 물 깊이를 흔든다

삶

숨을 불어넣고
강해지는 법을 터득한다

시퍼런 절벽에 아슬아슬하게
뿌리 내리고 있는 나는 누구일까

폭풍우가 몰아치면
목숨 건 사투를 한다

끝없는 질문 사이를 오가듯
이유를 알 수 없다

멀리 바라보지만
아직도 바람의 배낭을 메고 있다

항해

그것은
험난한 여정이었다

언어는 표류처럼 출렁거리고
가슴 아픈 사연을 파도에 묻는다

하염없이 내리는 눈도
수면에 닿으면서
제 울음에서 벗어나는지

파헤치고 싶었던
꿈의 한계를 버린다

끝없는 침전하는 생애였다

욕망

날개를 접고
살아온 날들을 바라본다

절망으로 무너져 내리는 감정은
격류 되어 휘몰아치고

멀리 있을 생명의 경계선
시선 밖의 연민은 욕망에 불과한 것을

망각의 꼬리를 잡고 돌아와
의문부호 속에 가련한 존재를 만져본다

진실조차
아쉬움으로 떠돌고 있는지 모른다

오로라

천둥소리가 들려온다
빙하가 무너지듯
가슴을 서늘하게 휘감는다

승천의 형상으로
물줄기가 쏟아지고
열망의 바다는 상심에 젖어간다

우연으로 얼룩진 날카로운 응시
맹목적인 힘이라도
구르면서 부풀어 오르는데

아무것도 손 쓸 수 없이
무기력하고 나약한 시간을 위로하듯
광활한 우주의
오로라가 밤새워 춤을 추고 있다

프로메테우스

제5부

딜래마

모래일 같이 흩어지는
존재의 본질
온당한 거 하나 없는 자괴감이다

되풀이되는 갈망은
끊임없이 소용돌이친다

잊혀 가는 기억들이 징검다리를 놓지만
삶의 행로는 혼돈이다

연결고리를 다시 채우지만
알 수 없는 현상이 신기루처럼 사라진다

여울목

폭풍우가 치고 있다

마음에 세워지는
모순이 경로

실핏줄에 매달린
푸른 잎새 신음이 들려온다

넘어설 수 없는 턱으로
물길이 솟구친다

강박관념이 굳어진 위로
시간도 휘어져 흐른다

나르시스*

우수의 숲에서
풀벌레 소리가 들려온다

시간이 풍경을 지우고
고착된 것은 없다

무심하게 바라보는 맥락
양심의 소리가 들려온다

물결에 일렁이는
자신의 그림자

현실에 머무르지 않은
저 너머로의 시선은

아름다운 소년의 꿈을
버리지 않고 있기 때문이다

*그리스신화에 나오는 미소년

모티브

불가항력에 이끌려
알 수 없는 불안감이 내면에서 증폭된다

의식을 일깨워 주는 인식의 회로
끊임없이 자신을 되돌아 보고 있다

어렴풋한 소리가 들려온다

나에게 없는 것으로 느껴지는 풍경이
새벽을 향해 가고 있다

아련한 슬픔이 몰려온다
무슨 실마리를 안은 듯 비상을 꿈꾼다

전망대

어둠이 밀려온다
휘몰아치는 바람에 휩쓸려
산산이 부서지는 파도

바위틈에 위태로운 나무는
이 밤을 어떻게 보낼까

갈가리 찢어지는 마음도
결핍의 소산

무서운 힘에 이끌리면
행복과 불행이 마찬가지다

이 밤이 새고 나면
전망대처럼 누구라도 맞아들이면 좋겠다

그 섬에 가고 싶다

밀물과 썰물 오가는 외딴섬
내 영혼이 머무는 곳

까마득하게 흘러가 버린 기억의 단층은
덧없는 세월을 새긴다

어둠 저편으로
격정의 불꽃 사그라지고

외로운 등대처럼 홀로
누군가 기다리고 싶다

역경의 주름살 깊어지도록
그 섬에서 나오고 싶지 않다

망각의 늪

불행의 표지가
먼지처럼 흩어진다

불현듯 도래하는 미지의 시간
속절없는 잔영을 되새김 하며
불안에 잠식당하고 있는 것은 무엇인가

파리하게
시간의 문턱을 넘어가고 있는
고독한 몸부림이여

좁혀지지 않는 자괴감은
희미한 윤곽으로 포착 되어

보이지 않는 빛이
망각의 늪으로 빠져들어 가고 있다

메아리 2

미지의 세계에
물음표를 던진다

불가분하게 맞물려 있는
인생의 지형도
자신의 감정에 저울질 한다

되새김하는 사유의 근간
상투적으로 이어지는 고단한 삶이다

나를 부르는 침묵
채울 수 없는 한계를 벗어나
산처럼 묵묵하다

출구가 없는 계절로
알 수 없는 메아리가 떨림처럼 지나간다

선택

불가피한 선택은
낯선 곳에서 요동친다

흔들리는 경계를 바라보듯
궤도를 이탈한 떠돌이 별이다

자아의 상상은
묵시록이었을까

갈대가 우거진 강가에서
상념에 젖는 먼 산

시간을 태우는 불빛이 배면을 밝힌다

자아

자아를 발현하다
향기를 기억하는 바람
환청처럼 낯선 소리를 낸다

점점 아우성으로
비어 있는 적요 속에
의심이 떠돌아다니고 있다

반성도 회한도 물거품이고
지친 회로에 걸려있는 한 생각
모순이 빚어내는 혼돈인가 보다

직관

참을 수 없는
의식의 한계는 어디쯤일까

절제되지 않는 어둠이
휩싸고 있는 애증의 상실감

그림자가 한쪽으로 기울 듯
불안한 직관으로 세상을 바라본다

갈등의 바다

환영 같은 이미지
탈피를 거듭하고

존재의 본질
자각의 한계를 벗어나고 있다

파도를 타는 미약한 몸은
눈 앞에 펼쳐지는
피상적 영역에 균형을 잡기 힘이 든다

변화와 갈등의 시간
중첩되지 않은 곳에
존재를 각인하는 도전이다

감각 너머로 바라보는
낯선 곳으로 떠밀려가고 있다

아지랑이

아지랑이 속에 사라진
슬픈 형상이여

삐걱거리는 문 앞에 애달픈 곡조
빈 나무를 흔드는
창밖에 바람도 흔적이 없다

번뇌 속의 착란은
갈림길에서 환청을 부른다

아지랑이 걷히고 빈들을 채워가는 풍경이
오히려 차갑게 느껴지는 것은 무슨 연유일까

인식의 바다

수평선 너머로
별들이 내리고 있다

내 생으로는
닿을 수 없는 신기루

환상의 기억은
메말라가고 시커멓게 타버린 빛이 몰려오고 있다

침묵 속으로
기울어 가는 바다의 깊이

시퍼런 잡념이 떠돌며
부딪치고 깨어지면서 자각한다

몽환처럼 휩쓸려 가는
슬픈 일이기도 하다

상실된 자아

어디를 떠돌고 있는가
신비로움이 없는 세상은 메마르기만 하다

발길을 멈추게 하는 저녁노을
내 영혼을 쉬게 할 수는 없을까

스치고 지나가는 관계가 어디쯤이고
끊어진 순간이 아무는 바람은
어떤 기대일까

잘못된 풍향을 거슬러 가며
아무것도 대답해 줄 수 없는
봉인된 세상에서 지친 발걸음을 돌린다

파노라마

풍등이 높이 떴다

산 넘고 물 건너
모두 낮은 지붕처럼 펼쳐 보인다

과거의 시간으로 돌아가는 듯
고독과 불안의 비행이다

운명은 어디쯤에서 추론하는지
정해진 여정을 저울질하는 의문은 답이 없다

더 높이 현실을 탈피하는 이상으로
내려보는 시야가
파노라마처럼 지나간다

자화상 2

파도가 밀려온다
불가사의한 운명 속으로 들어가는 미묘한 무늬
운명은 주술적 상상력인가

떠나고 싶은 자 떠나고 남고 싶은 자 남아라
가감 없이 세월은 공평하고 새롭거나 낯선 것이 한가지이다

실종된 이상 위에 감추어진 진실은
나를 떠올리는 사유의 추론
숱한 감정의 주머니 속에 빚어지는 물음의 타래들이다

진실 같은 거짓
거짓 같은 진실
형상화되지 않은 열망을 어떤 힘으로도 제압할 수 없다

가정의 거울에 비친 모습은
전능하신 신의 모습이었을까
시작 점에서 물음표가 뒷걸음질 친다

비너스

의심의 산물
부각되는 존재는 상처를 입는다

신이 편재한
보잘것없는 작은 조각이다

기다림의 시간
살아있는 동안 던질 수 있는 물음표이다

안락 속에 찾아오는 위태로움 속

위험에서 탈출하려는
내재된 조형물이 무너지고 있다

마법에 걸려 사라져 버리듯
영혼의 머리카락이 바람에 날린다

탑

여기서는
달빛도 멈추고
생각도 소멸된다

거대 성운이
동전만 한 크기로 머리 위에 내려도
여기가 중심이다

스스로
시간의 빗장을 걸고 있다

프로메테우스

제6부

절망 속에서

잠들지 못하는 나무
바람에 흔들려 위태롭다

꿈은 나락으로 떨어지고
아름다운 것은
때론 죽음이 임박하는 것이지

차가운 햇살에
돌처럼 굳어지는
잃어버린 욕망에 불이 붙을까

사라지고 있었던 꿈의 저편
흘려가는 것은 현실의 몽상

폐허 속에 흩어진 파편들이
저마다 새가 되어 날아가는 꿈을 꾸고 있는가 보다

부메랑

의미 없이
흘러가는 시간이다

야간열차는
어디만큼 달리고 있을까

하늘을 올려봐도
땅을 내려봐도

부유하고 있는 마음이
바위에 눌린 듯 무겁다

이제는 돌이킬 수 없는 길에서
지난 과오가 부메랑으로 되돌아온다

낡아빠진 생각은 바람에 휩쓸려 무게를 버리고 있다

패러독스

침묵의 삶이었다
소실점 너머로 사라지는 아픔
별들의 고향이다

세월을 감는 물레가
진흙 속에 삐거덕거리듯
힘든 노정이었다

아귀다툼하는 치열한 경쟁 속에
숨 가쁘게 달려온
지난날을 회상하며

저물어가는 인생의 애환을
아름다운 노을이라고 애써 얼버무린다

에로스

지푸라기처럼
내려앉고 있다

꿈틀거리는 욕망은
꽃잎 떨어져야 실감이 난다

추레한 현실과 마주치는 생각
간 밤의 풀숲은 잔인하였다

물결처럼 가라앉는 허상이
노란 현기증이다

오르페우스*

시련이
자신을 키워왔다

높은 음계의 오르페우스여

가난한 욕망이
자신의 족쇄를 풀었다
초대받지 않은 연회의 자리

깃털 보따리를 풀어놓는 감미로움으로
때 묻은 가슴들을 매료 시킨다

하지만 광야에서 헤매는
사고의 흔적이 펼쳐질 때면
청중의 숲에 광풍이 불기도 한다

*그리스 신화에 나오는 시인, 음악가

블랙홀

폐허가 되리라

바람의 정령들아
사유의 세계는 무엇인가

죽음의 문턱에
달빛이 춤을 추고
시간의 메아리는 사라진다

돌아오지 않는 허무 속
심연으로 빠져드는 나를 본다'

파토스*

하나만 보이고
전체가 보이지 않는 오류

열망이라는 미지의 힘으로
뜨거운 삶이다

하지만 모순이 빚어내는
허무한 소리

부지불식간에 인지되는
오욕의 자리에서

정점은 늘
먹구름에 가려 무거운 신음이다

*격정. 열정

회상의 언덕

삶은 욕망이다

사라진 것들의 애달픔을 떠받치며
자신만의 색깔로 쉼 없이 돌아오는 계절

거친 파도를 헤치고 나온 현실의 무게는
찰나로 명멸하는 불꽃 같은 존재인 모양이다

기억의 층계 위로 보이는 것은 떠도는 바람뿐이다

심연

이제 돌아가야 하리
알 수 없는 곳이라도

청춘의 열정을 버리고
바쁘게 살았던 날들을
흰 구름으로 사라진다

낯선 숨결이
하나의 생명을 잉태하듯
지극히 신비로운 기운이 비치는 곳

무의식의 심연으로
나룻배 한 척 떠나가듯 자신을 찾아가고 싶다

신기루

날고 싶어라
저 꿈의 세계로

바람에 쏠리는
생각 한 자락
천상으로 올라라

어리석은 시련의
울타리 안에서
사슬을 풀어라

영혼의 사막에
신기루처럼

귀향

이제는 가야 하리
내가 살던 곳으로

여울에서 만났던 꿈은
물거품으로 돌아가고

암벽에 비치는 노을처럼
차가운 마침이다

바람은 미련의 끝자락을 붙잡고
가슴 아파하며

죽음의 빛깔에
깊은 애착을 가질 것이다

어둠이 가슴 깊이 스며들어 갈 때
흔들리는 갈대처럼 잊혀갈 것이다

폭풍우 치는 밤

지축을 흔드는 혼돈 속에서
헤어나기 힘들다

현실의 골짜기에
고단한 세월과 싸워야 하리

지향하는 길은 까마득하며
허접스런 하소연을 저만큼 밀어낸다

미혹 속에 소용돌이치는 자신은
헤어날 수 없는 블랙홀처럼 빠져들고 있다

추억의 페이지

어스름한 빛이
마음을 실어 나른다

물결 위에 떠나는 세월
리듬 위에 사연을 띄워 보낸다

어디쯤인가 증폭된 삶의 기류
해일이 덮치듯
또 다른 시련으로 발화하는 순간이다

불안은 고통으로 짐을 더하여
성찰의 시간으로 돌아가고
실마리를 붙들고 달아나는 것은 무엇인가

추억의 페이지를 펼쳐놓고
낡은 잣대로 해석하는 하나의 척도
어두운 밤으로의 항해다

가시

무엇이
살아가는 이유가 되는가

낯선 분위기로 그려지는
삶의 파노라마

불안으로 지새우던 시간은 가고
몸부림으로 묻어둔 세월

믿음은 물결처럼
추상적인 선율을 탄다

밀려오는 외로움은
가시가 되어 가슴에 박힌다

찬바람 달빛 아래 비춰보는 상처

몽타주

현실과 환상에 뒤섞인
착란이다

대중의 바다에
서슬 푸른 칼날이다

거대한 숲에 감춰진
음모를 캐내기를

아리송하지만
분명하게 드러나는

신의 조합으로
미궁 속에 거울이다

토로

꼭 해야 할 말이 있는데
대상이 없다

경계는 어디인가
되돌아올 수 밖에 없는 메아리

발 앞에 버려지는 말들이
수북이 쌓인다

낯설고 이질적인 윤곽은
냉소를 머금고

알 수 없는 메시지가
튀어나오고 있다

터진 하늘이 위안이다
안고 있는 불안을
목청껏 후련하게 외치고 있다

포에지

나에게 없는 것으로 느껴지는
또 하나의 굴곡

믿을 수 없는 불협화음이
신음으로 들려온다

순수를 머금고 있는 얼굴에
불가항력으로 다가오는 불안감이다

회의적인 속성은
불투명한 색깔로 나타나고
상투적인 질문조차 되새김질하는 절박한 속내

아득한 우물물을 길어 올리는
사유의 구도
지고 지순한 불가침의 영역도 파문이 일고 있다

디스토피아*

이상이 비틀거린다
변별성을 가려내는 한계를 모른다

불일치를 전제로 한 것이
세상이었을까

구겨진 삶이
파리한 그림자를 드리운다

냉혹한 현실
숙명적 비애가 망막에 인화되고

적막이 쌓여가는 표면 아래
감춰진 진실은 무엇일까

공통분모로 언술 되는
시간의 흐름을 묵묵히 맞이할 뿐이다

*현대사회의 부정적인 부분이 극단적으로 확대되어 초래할지도 모르는 미래의 모습

타나토스*

무의식 속으로
벼락이 치고 있다

파괴된 공간을
조합할 수 없다

유폐되어가는 생명이다

망각의 심연 속
삶과 죽음의 경계를 본다

*타나토스: 자기를 파괴하려는 죽음에의 본능

회귀성

과거로 돌아가고 싶은
삶의 모습은
어디에 좌표를 찍고 있는가

꽃 비가
물결 위에 사연을 띄우고

낯선 전생처럼
어딘가 정착할 내 그리움의 자리